Lamine Condé

Adolescence Hybride

Lamine Condé

Adolescence Hybride

L'adolescence Hybride est un récit imaginaire qui parle de l'hybridité d'un jeune ados partagé entre ses convictions

Éditions Muse

Imprint
Any brand names and product names mentioned in this book are subject to trademark, brand or patent protection and are trademarks or registered trademarks of their respective holders. The use of brand names, product names, common names, trade names, product descriptions etc. even without a particular marking in this work is in no way to be construed to mean that such names may be regarded as unrestricted in respect of trademark and brand protection legislation and could thus be used by anyone.

Cover image: www.ingimage.com

Publisher:
Éditions Muse
is a trademark of
International Book Market Service Ltd., member of OmniScriptum Publishing Group
17 Meldrum Street, Beau Bassin 71504, Mauritius
Printed at: see last page
ISBN: 978-620-2-29704-2

L'ADOLESCENCE HYBRIDE

Ecrit par Lamine Condé Adresse mail : l.conde@mundiapolis.ma,
laminecondel3@gmail.com

PREMIERE PARTIE

Hybridité

Ecrit par Lamine Condé Adresse mail : l.conde@mundiapolis.ma, lamineconde13@gmail.com

PREMIERE PARTIE

Chapitre

I

Ecrit par Lamine Condé Adresse mail : l.conde@mundiapolis.ma, laminecondel3@gmail.com

Quelques mois après le voyage spirituel de notre père Biologique, la famille décida de me transférer à Kamsar précisément dans la cité industrielle de la région de Boké. Kamsar, l'une des agglomérations les plus belles et riches grâce au minerai d'aluminium qui fleurit et qu'on transporte nuit et jour à travers des bateaux en occident.

Me transférer à Kamsar comme on transfère un détenu d'une prison à une autre à cause de mon caractère acariâtre et de mon petit vagabondage, j'étais devenu un petit voyou de droit commun. Je suis donc extradé à Kamsar à quelques kilomètres de Conakry notre capitale, afin de m'éloigner de la délinquance grandissante et généralisée à l'époque dans la capitale, pour que je puisse recevoir une très belle éducation.

L'annonce de mon départ pour Kamsar me fait penser à une longue vie de solitude à cause de ma séparation avec mes amis d'enfance, de classe mais aussi la « number one » de notre classe la charmante Karidja Allodi que j'ai dépassé en thème de classement lors de la proclamation des résultats l'examen d'entrée en septième d'où j'ai été premier de l'école. Je trouvais tout cela anodin. Karidja ; Elle était devenue une sœur car pour moi les amis c'est la deuxième famille notamment ceux de l'école. J'admirais bien Karidja car j'avais pris l'habitude d'admirer les choses étranges et Karidja ne faisait pas exception à cette habitude parce qu'elle avait quasiment un comportement tout à fait particulier par rapport aux autres filles de l'école. Même son nom de famille aussi ne faisait pas exception à mon habitude. « Allodi », on ne connait pas ces genres de nom de famille, on est habitué d'entendre des noms tels que : Keita, Condé, Conté, Traoré, Touré, Camara, Bangoura, Soumah, Diallo, Barry, Baldé, Léno, Tolno... On se moquait souvent mutuellement l'un de l'autre à cause de l'étrangeté de nos noms puisque moi aussi mon nom n'était pas en marge de cette étrangeté, on m'appelait Haahldmine Ednoc. Je concluais toujours nos traditionnelles moqueries sur le sujet de nos noms de famille par cette phrase : « le nom n'est pas assez suffisant pour prouver l'appartenance d'une personne à une société, une communauté, une nation, un Etat. »

Le jour de mon départ arriva, il eut été rejeté par ma « Grande-Maman » !? Grande Maman, (Maboumba) parce qu'elle n'a pas été préalablement informée de mon départ, j'ai trouvé cela tout à fait normal malgré dans notre coutume communautaire, les femmes n'ont pas de décision. Elle ne fut pas décolérée ce jour-là, où elle disait dans sa colère :

- Comment je ne peux pas être informée ?
- Comment mon fils peut voyager sans que je ne le chasse ? C'est carrément impossible ! Il n'en est pas question ! Il ne part pas !

Elle continua sa parole durant de longues heures. Elle fut calmée par le nouveau responsable de la famille, l'un des jeunes frères de mon père du nom de Lyaah Ednoc où elle donna enfin l'autorisation de mon départ.

J'étais toujours poli à son égard malgré mon comportement difficile à supporter parfois. Je restais très calme pendant ses moments de colère parce que j'avais beaucoup d'égard et de respect pour elle à cause du rang social qu'elle occupait, elle était la première épouse de mon père. C'est pour cela je lui donnai le nom (Maboumba) qui signifie littéralement en français ma grande maman c'est-à-dire ma belle-mère ! Chez moi il n'existe pas de marâtres mais des grandes mamans. C'est ma philosophie ! C'est ma façon de concevoir cet effet négatif de la polygamie parce que pour moi elle, la polygamie n'a pas assez d'effets néfastes car c'est Dieu qui a permis cela pour les hommes et tout ce qu'IL permet est naturellement licite. Mais cela devient un destin imposé aux femmes, un destin difficile à concevoir et parfois un tragique destin. Heureusement pour elles que ce n'est pas toutes les sociétés qui cautionnent cette tradition séculaire. Mais le paradoxe dans cette pratique, c'est qu'elle est interdite par le code civil guinéen. Malgré cette interdiction législative, la polygamie est devenue une renommée dans notre société.

Le lendemain je fus accompagné par un autre jeune frère de mon père Abdji Ednoc. Ce dernier m'amena à la gare voiture où nous prîmes un taxi pour kamsar. Une fois que nous nous embarquâmes, il commença à me donner des conseils : « - Mon père prend les études aux sérieux car l'impolitesse dégrade la valeur de l'homme. Je sais que tu es intelligeant et que tu travailles bien à l'école mais par contre tu es encore vraiment un grand perturbateur ! Tu vois

Ecrit par Lamine Condé Adresse mail : l.conde@mundiapolis.ma, laminecondel3@gmail.com

que mon frère n'est plus ! Sois donc sérieux. » Me disait-il dans le bac qui transportait les voitures, les personnes et leurs marchandises sur la mer à Boffa (le fleuve FATALA à Boffa). Ces conseils me remplirent l'esprit comme les autres conseils qui m'ont été donné par les trois épouses de mon père d'ores et déjà veuves.

J'étais convaincu que l'homme est appelé d'apprendre tout, se séparer de sa famille, de ses amis, de son désir, de son plaisir mais une chose était claire dans ma tête c'est que j'allais bientôt me confronter à une véritable solitude qui pouvait même me dénaturer. Mais je trouvais comme réponse à cette situation cette célèbre citation de Socrate : « Ce qui fait l'homme, c'est sa grande faculté d'adaptation. », j'espérais alors une adaptation de ma personnalité humaine à cette nouvelle vie que j'allais impérativement vivre dans une nouvelle ville.

- Dans une heure nous arriverons à Kamsar me dit-il en me réveillant.

Je me trouvais dans un état très spécial mais à cause de mon sommeil un peu exagératif, je n'ai pas pu visionner le paysage de la route. J'avais ce regret, malgré cela, je m'attendais quand même à un moment époustouflant avec la découverte d'une nouvelle ville.

Ainsi proposé, ainsi dit, ainsi fait me voilà à Kamsar, voilà que commence chez moi une véritable hybridité spirituelle, sociale et moderniste, je me trouvais

Ecrit par Lamine Condé Adresse mail : l.conde@mundiapolis.ma, lamineconde13@gmail.com réellement entre deux choix : faut-il continuer sur le chemin du déracinement dont je m'enfonçais au paravent à Conakry ou faut-il emprunter le chemin de la sagesse mais le choix me paraissait très difficile.

- Bonjour frère Mark-out Oum-jack Ednoc! Dit père Abdji Ednoc tout en continuant !
- Je suis venu accompagner Haahlmdine Ednoc comme les vacances sont presque terminées frère Lyaah Ednoc m'a dit de venir l'accompagner afin qu'il commence les cours ici jusqu'à qu'il aura son baccalauréat pour rentrer à l'université.
- Mais j'avais dit à Haahldmine Ednoc après la dernière réunion de famille d'où sa conduite (tutelle) m'a été confié de prendre le bus de la compagnie C.B.G. mais ce n'est pas grave comme il est arrivé c'est l'essentiel ! Dit père Mark-out Oum-jack Ednoc
- Je l'avais complètement oublié le cas du bus ! Dis-je avec un ton frémissant.

La nuit commença à tomber je venais de passer ma première journée à Kamsar, une journée presque tumultueuse avec la rencontre de nouveaux visages.

Quelques mois après mon arrivée à KAMSAR, je commençai à avoir des connaissances, des relations qui sont les fondements de toute vie en société. Toujours acariâtre, cette hybridité apparait réellement dans les classes de huitième d'où un nommé Aly le religieux fréquentait notre classe pendant les récréations où il évoquait des paroles de DIEU le très Haut communément connu sur le nom d'ALLAHOU SOUBOUHANAHOU WATALLAH.

- Craignez Dieu le très Haut ! C'est lui qui a créé l'homme et lui a donné la faculté de réfléchir. Dit-il avec un ton sévère.

Il continuait sa parole en disant encore :

- Ce Dieu, il est unique, IL n'a pas d'associés.
- C'est ce Dieu qu'appartient l'adoration
- C'est ce Dieu qui fait mourir et qui ressuscite l'Homme.

Il poursuivait habituellement ses propos durant les quinze minutes de la récréation. Les paroles qu'il avançait, faisaient frémir nos cœurs, mais comme il aimait dire souvent « le diable est notre ennemi déclaré » donc ce diable nous faisait oublier ces paroles sacrées. A la fin de son discours il disait pour conclure :

- Chaque œuvre sera payée par Dieu pour son intention c'est à dire l'intention pour laquelle cette œuvre a été faite ! prenez donc l'intention d'écouter la parole de Dieu le prochain jour.

Moi très particulièrement mon cœur tremblait tous les jours d'un violent tremblement donc naturellement je prenais l'intention chaque jour pour le prochain jour.

Un jour terrible où il pleurait même pendant son discours, ce jour-là le frémissement de mon cœur avait atteint le niveau le plus haut, ce jour-là était vraisemblablement le jour du commencement de la première partie de mon hybridité. Il était aussi le jour où je m'engageai dans cette forme de pratique religieuse, certes la forme la plus difficile mais aussi la plus complexe car il ne s'agissait pas ici pour l'apprenant qui est considéré comme disciple d'aller faire la mendicité pour venir donner à son « Karamoko » comme le font d'autres sectes, par contre il s'agissait ici pour l'apprenant de transmettre le peu qu'il connait quel qu'en soit la petitesse de ce qu'il a appris.

Mais quelque chose m'empêchait cette pratique religieuse, cette chose était tout simplement l'émotion, cette émotion me barricadait, elle me barrait le chemin qui accédait à la religion. Cette émotion n'était pas seulement ma petite délinquance et mon comportement acariâtre à l'égard des gens mais elle était aussi l'affection, l'amour que j'avais pour les gens, aussi en particulier pour les femmes mais surtout les jeunes filles. C'est tout cela qui me rendait difficile la pratique de la religion. En effet je n'avais pas pris totalement l'intention ce jour-là de m'engager dans cette pratique.

- Salamoualaikoum ! Haahldmine comment ça va et la foi ? Dit Aly le religieux
- Dieu merci ! Dis-je !
- Je suis venu te saluer pour la cause de Dieu le Puissant ! Dit le religieux avec un ton sincère et continua sa parole dans le but de me conseiller.
- Comme Il a déjà dit dans son Saint Coran que : « vous ne renteriez pas au paradis si vous n'avez pas la crainte Allah », et vous n'auriez pas la crainte de Dieu sauf ce que vous aimez pour vous-même, vous aimez cela pour votre prochain. Le prophète pour nous faciliter ce fameux travail de foi, nous montra un chemin plus efficace qui est celui de la propagation de la salutation. En somme c'est à cause de cette propagation de la salutation que tu me vois aujourd'hui chez toi, j'espère que toi aussi tu commenceras de propager cette salutation très prochainement afin que tu aies cette crainte de Dieu qui est le passeport, le billet d'entrer pour rentrer au jardin d'éden.

Une visite surprise et encore un discours frémissant, j'étais époustouflé par sa narration spirituelle. Maintenant tout était complet chez moi : l'inspiration personnelle, l'extériorisation humaine, l'engagement, le dévouement, les sacrées paroles mais aussi l'enthousiasme. Il ne manquait pas de culot pour avoir la foi, j'avais théoriquement toutes les voies et moyens pour commencer cette pratique qui avait été plusieurs fois interrompu à cause des idées presque absurdes et fallacieuses dont j'accordais beaucoup d'importance malgré leur absurdité.

Voilà que je commençasse de comprendre réellement l'objectif de la création de l'homme, le but de sa venue dans ce monde éphémère « l'Homme est impérativement appelé un jour à mourir et à rendre des comptes sur sa vie présente d'où on lui demandera s'il avait réellement pratiqué la vertu, s'il avait respecté ou ordonné les règles de la piété. L'homme se rappelle-t-il de ce jour ?! Se rappelle-t-il des engagements qu'il a pris avec son créateur ?! Se rappelle-t-il de quelle matière première il a été créé ?! C'est maintenant que je commence à avoir conscience cette situation d'ambiguïté de la vie.

Après cette visite tout était parfait chez moi jusqu'à l'arrivée ou la rencontre fascinante de Foulmate Allodi. Une fille très ambitionnée avec sa voix aiguë et sa paire de lunette toujours aux yeux, elle avait toutes les possibilités naturellement de me dérober comme toutes autres filles de sa génération. Sa rencontre affective m'avait beaucoup marqué malgré que ma foi religieuse n'acceptât pas que je fasse connaissance avec elle dont je faisais semblant de ne pas l'aimer malgré l'incitation et l'insistance de sa fascination affective. Elle était en réalité une véritable rabat-joie dans son caractère complexe, quand même elle était chouette et admirable qui suffisait palpablement à un homme de tomber chaos et d'accepter ses caractères de rabat-joie et son comportement insolent.

Les affections, les visites et les cadeaux s'accentuaient, se multipliaient très rapidement au fil du temps entre nous. A la fin de la première moitié de l'année scolaire, je passais la plus grande partie de mon temps avec elle, à l'école, à la maison, au téléphone ; je n'arrivais même plus à consacrer les quinze minutes de la récréation à l'école pour suivre les conseils frémissants du Religieux qui étaient remplacées par de longues conversations avec FOULMATE. Ces conversations si longues se terminaient toujours par des polémiques.

- HAALDMINE dans cinq minutes c'est la récréation ! On sort n'est-ce pas ?! Dit FOULMATE
- Je ne sors pas. Répondis-je.
- Pourquoi ?
- Je n'ai pas envie.
- Tu veux écouter les conseils fanatiques de ce serviteur de (WAHAB).
- WAHAB ! plutôt un simple pratiquant de la religion ! En plus je serai bientôt comme lui ! très bientôt !
- Tu ne seras pas comme lui pas du tout je t'empêcherai ! D'ailleurs je vais dire ça à tes parents, tu sais qu'ils t'ont interdit de lui suivre.
- Tais-toi petite insolente, tu m'as rendu la vie plus lourde et fatigante. Dis-je à vive voix.

Toute la salle de classe venait d'être déranger, heureusement c'était presque la récréation. A quelques minutes de la fin des récréations, je partis vers elle pour lui exprimer le regret de ma réaction, à vrai dit pour lui demander pardon parce que tout simplement j'avais beaucoup d'affections pour elle. En partant vers elle je pensais qu'elle allait me répondre de la manière du berger à la bergère donc j'avais peur, je ne voulais pas me faire réprimander une nouvelle fois par une petite fille.

- FOUL-MATE je ! Je !!!
- Tu balbuties maintenant !
- FOUL-MATE je ! Je ! Je voulais te demander excuse.
- Je pardonnerais à condition que tu me demande pardon comme tu fais avec ton professeur et maitresse en classe.
- A bon !
- Bien-sûr !
- Mademoiselle ALLODI je m'excuse d'avoir été insolent avec toi.
- Non ! Non ! Non ! Tu dis madame en employant le pronom vous aussi.
- Madame je m'excuse d'avoir été insolent avec vous.

La quasi-totalité de mes activités étaient arrêtées, même à la maison je n'arrivais pas à respecter l'emploi du temps que je m'étais fixé. La sieste de l'après-midi, l'arrosage des fleurs le soir, la résolution des devoirs de maison pendant la nuit, rien de tout cela, même aider tante MAHTIN pendant les weekends à préparer le repas, je ne faisais absolument rien, presque rien de bon sauf suivre aveuglement Mademoiselle ALLODI.

- Bonjour tante HAALDMINE est là ? Dit Mademoiselle ALLODI à tante MAHTIN !

Tante MAHTIN, l'épouse de l'oncle Mark-out Oum-jack Ednoc l'un des jeunes frères de mon père qui travaille depuis quelques années à la compagnie C.B.G. de KAMSAR.

- Quel HAALDMINE ? Il y a deux HAADMINE chez nous ! Dit tante MAHTIN

Le fils d'oncle Mark-out Oum-jack Ednoc aussi s'appelle HAADMINE, surnommé encore Empereur, le seul enfant que le couple a fait, un couple qui vit une vie à la française.

En effet la multiplication du nom HAADMINE dans notre famille n'est pas dû au hasard et le nom Empereur aussi, c'est le nom de mon grand-père qui avant sa mort avait dit de surnommer tous ses homonymes « Empereur » mais moi particulièrement mon père a préféré remplacer Empereur par Grand Papa dont j'ignore jusqu'à présent la cause réelle et palpable.

- Grand Papa ?
- Grand Papa ! On te demande. . .
- J'arrive juste temps de m'habiller (je sors)
- C'est comment petit ? Dit Mademoiselle ALLODI
- A la guinéenne ! Dis-je

- Et ton ami ?
- Quel ami ?
- Le religieux !
- Je veux plus qu'on parle de lui parce qu'on ne va pas se comprendre à son sujet car on risque de terminer cette discussion par une nouvelle polémique.
- HAADMINE je te conseille de ne pas lui suivre.
- Pourquoi ?!
- Parce qu'un Wahhabite incarne palpablement un terroriste dans sa plénitude.
- Ne confond pas les choses . . . Est-ce que tu as vu un religieux agir avec violence ?
- Non mais on n'arrive pas à faire une différence entre eux.
- Il y a une énorme différence entre eux. Le religieux agit avec tendresse et sagesse tandis que le terroriste agit avec violence et terreur.
- Ah HAADMINE les gens n'arrivent pas à mettre une différence entre eux du point de vue habillement et apparence.
- Tournons la page, parlons de nous parce que ton cas m'a beaucoup préoccupé ces derniers moments mais jusqu'à présent il n'y a pas une concrétisation palpable.
- Qu'est-ce que tu veux dire par là ?

- Je veux dire qu'on dépasse apparemment aujourd'hui de loin d'être des simples camarades de classe ! Je me demande qu'on en soit où réellement ? Les gens commencent à se faire des illusions tandis que concrètement il n'y a rien entre nous ! Encore une fois où en sommes-nous précisément ? Si on est des simples amis que tu cesses de t'immiscer dans mes problèmes et si on est plus que ça que tu me le disses ?
- Ce que je te dis pour le moment c'est de changer de (comportement) ! Tu aimes trop les convictions des Wahhabites.
- Tu es qui pour me dire de changer… je t'ai dit de laisser ces religieux en dehors de nos conversations ! En attendant je suis dans leurs bonnes mains pas dans tes sales mains !
- En tout cas tu en veux bien mes sales mains…
- Tu penses vraiment… c'est vrai ça ?!
- Quand tu changes, tu saurais… Car je te dirais ce que tu veux entendre.

J'ai commencé à sentir que la petite foi religieuse que j'avais eue avec le contact fréquent et incessant du religieux ne s'accentuait plus mais plutôt ça se diminuait considérablement et inexorablement à cause du nouveau contact plus fréquent et affectif de Mademoiselle ALLODI qui me détournait progressivement.

Mais ce que je n'arrivais pas à comprendre dans le comportement de Mademoiselle ALLODI, est que malgré nos discussions sur des sujets plus intimes, malgré la fermeté de notre amitié, elle ne m'a rien dit de concret dans le vrai sens de notre petit-amitié et elle ne m'a pas encore donné l'occasion de débattre avec elle les choses qui me tiennent de plus à cœur. J'étais donc enthousiasmé de savoir ce que je n'arrivais pas à comprendre dans notre relation. J'ai donc pris l'initiative de l'appeler au téléphone afin qu'elle me dît la vérité sur la nature de notre relation amicale.

- Allo bonsoir ! dis-je au téléphone fixe avec une voix tremblante.
- Allo ça va ! comment allez-vous ? répond une voix féminine
- Bien ! Excusez-moi le dérangement, est-ce que je peux parler avec FOULMATE ?
- Bien-sûr c'est elle qui est à l'appareil.
- Mademoiselle ALLODI c'est HAADMINE
- C'est comment petit et les activités ?
- Je t'ai appelé parce que tu m'as poussé à changer, alors j'ai changé donc je voulais savoir on en est où précisément dans notre relation ?
- Ouvre bien les oreilles par ce que je ne vais pas me répéter. Nous sommes juste des simples camarades de classe pas plus.

A bon ?! (Soupire)

Je n'avais plus rien à dire parce que j'étais lassé par sa déclaration alors j'ai raccroché le téléphone avec force. Je venais de perdre une illusion affective qui m'avait beaucoup marqué. J'étais complètement désenchanté par la déclaration de Mademoiselle ALLODI.

Ecrit par Lamine Condé Adresse mail : l.conde@mundiapolis.ma, laminecondel3@gmail.com

J'avis plus d'HIMAN* donc je ne pouvais pas me retrouver très vite dans les activités religieuses, mon cœur était donc vide car il n'y avait ni HIMAN* dedans ni affection. Le silence était devenu mon meilleur et préféré ami comme le dit Socrate dans le baquet rapporté par Platon « mon ami préféré est le silence car le silence c'est la haute sagesse d'un homme, l'arbre du silence porte les fruits de la paix »

J'avais très vite oublié Mademoiselle ALLODI quelques semaines après notre sevrage, malgré qu'on se vît régulièrement à l'école. Car j'avais compris que le cœur était comme de l'éponge car lorsqu'on fait descendre l'éponge dans le lait et puis on la remonte tout en le pressant, c'est le lait qui sortira et quand on la fait descendre dans l'eau lorsque on la presse aussi c'est l'eau qui va sortir ainsi dans l'huile, c'est ainsi le cas du cœur. Dès le moment que le cœur d'un homme est habitué à une fille ou quelque chose, partout il passe, partout il est, il parle de cette chose. Comme mon cœur était habitué à Mademoiselle ALLODI chaque fois je pensais à elle, mais maintenant qu'on est séparé je parle plus d'elle, à plus grand jamais de lui rendre visite.

En réalité je n'étais pas surpris par la déclaration de Mademoiselle ALLODI car je m'attendais à n'importe quelle réponse qu'elle allait avancer même si elle disait qu'on dépassait de loin d'être des amis, ça m'était égal, tout cela n'avait pas assez d'importance parce qu'elle n'allait pas me donner le bonheur, même avec la douceur que dorénavant ses lèvres allaient me donner. Elle allait tout juste me donner le plaisir avec beaucoup de remords c'est dans cette perspective que ce grand philosophe grecque Socrate affirma « le bonheur c'est le plaisir sans remords ». Dans tous les cas Mademoiselle ALLODI n'allait pas me donner ce bonheur que tout le monde recherche malgré les efforts des uns et des autres. En plus elle n'allait pas m'immortaliser par son affection. Le seul qui pouvait me donner ce bonheur était Dieu, IL n'a mis ce bonheur ni dans l'honneur, ni dans la richesse, ni dans les lèvres de Mademoiselle ALLODI que je cherchais, ni dans la responsabilité, ni dans toutes autres choses éphémères mais il a mis ce bonheur dans « la religion complète » *. Seules mes œuvres accomplies dans le cadre de cette religion complète pouvaient me donner ce bonheur tout en m'immortalisant dans l'autre vie future.

J'avais compris tous ces raisonnements, toute cette vertu et toutes ces convictions avec l'amitié de la solitude et du silence. Mais ce qui était difficile pour moi était cette question suivante « comment avoir cette religion complète avec ce monde si amusant et sadique… ? » Dans laquelle j'allais poser des actes bons qui pouvaient immortaliser après ma mort matérielle dans ce bas monde et à travers lesquelles Dieu allait me donner le bonheur*que je recherche et que chacun de nous recherche malgré qu'on n'ait pas la même conception du mot bonheur.

Ecrit par Lamine Condé Adresse mail : l.conde@mundiapolis.ma, laminecondel3@gmail.com

PREMIERE PARTIE

Chapitre

II

Ecrit par Lamine Condé Adresse mail : l.conde@mundiapolis.ma, laminecondel3@gmail.com

L'année scolaire venait de s'épuiser. Les vacances étaient programmées, il était question de partir faire les vacances à Conakry. Les frères, les sœurs, les parents et les grands parents de Conakry avaient déjà appris la nouvelle de ce petit changement avec la découverte de la religion complète à travers les lettres que l'Oncle Mark-out Oum-jack Ednoc échangeait avec Oncle Lyaah Ednoc et Abdji Ednoc dont ils parlaient souvent de moi et mon comportement dans leurs échanges de lettre. En vérité tous les Conakry kas s'attendaient de me voir avec ce nouveau comportement. Mais moi, je voulais les montrer que je gardais jusqu'à présent mon caractère rude, malgré la découverte de cette pratique.

Maman la seule personne qui m'aime dans ma plénitude était très enthousiasmée de mon arrivée tandis que les autres membres de la famille n'arrivaient pas à faire une différence entre l'euphorie de mon arrivée et la confirmation de ce petit changement. Maman n'arrêtait pas de me poser des questions, naturellement je répondais avec patience à ses questions sans fin.

- Mon fils parait-il que la vie soit facile à KAMSAR par rapport à Conakry ? Dit maman avec sérénité et enthousiasme.
- Facile par la nature et ses conditions, l'eau et le courant électrique marquent palpablement cette facilité à travers leurs présences effectives dans cette agglomération. Mais difficile par d'autres choses cruelles qui marquent à leur tour la cruauté de cette ville.

Ecrit par Lamine Condé Adresse mail : l.conde@mundiapolis.ma, laminecondel3@gmail.com

- Et les études ça va ? parce que j'ai appris que tu fréquentes présentement une grande école privée.
- Evidemment je fréquente à présent une très grande école privée. Mais la privatisation de cette école donne apparence à une réalité trompeuse, en vérité ce n'est pas presque une école privée, c'est une école qui appartient à la Compagnie des Bauxites de Guinée (C.B.G.). Donc si ton père ou ton tuteur travaille dans cette compagnie, il ne paie presque pas ta scolarité car la manière dont on défalque dans son salaire est très anodine. Il arrive que le travailleur ne se rende même pas compte si on enlève dans son salaire. Pour preuve, un jour Oncle Mark-out Oum-jack Ednoc m'a même demandé que si on me demandait ma scolarité à l'école ; je l'ai répondu non. Cela prouve à suffisance que le mécanisme de la défalcation de la scolarité est insignifiant. Contrairement à celui dont les parents ne travaillent pas dans cette compagnie, on lui fait payer d'une manière cruellement sadique, parce que si les parents de ce dernier ne paient pas à temps sa scolarité, on lui renvoie très rapidement de l'école. Une manière de dire à l'élève, va dire à tes parents de payer ta scolarité. Voici comment fonctionne le mécanisme de cette école privée caractérisée par une inégalité manifeste. Mais quand même il faut reconnaitre que sur le plan des études, elle est la meilleure de la localité.
- Ô Fils tu es trop bavard ! Tu parles toujours des choses qu'on ne t'a pas demandée ! Comment te comportes-tu avec ton oncle et sa femme ?

Je voyais maman venir dans l'enchainement de ses questions sur le sujet de mon comportement avec la périphrase qu'elle était en train de faire. Sans doute j'allais lui répondre d'une manière très claire.

- Bien ! dis-je
- Et ton acariâtreté ça un peu changé ?
- L'on ne changeait jamais d'habitude mais l'on grandissait en esprit.

J'étais parfaitement convaincu que le sujet de mon comportement avait suscité beaucoup de débat à mon absence.

Après ma réponse un peu étonnante aux yeux de ma mère sur le sujet de mon comportement, mon jeune frère Orrys Ednoc qui suivait notre conversation avec une grande attention intervint pour éviter une éventuelle polémique en me parlant sur un ton ironique de mon bain le plus comique de l'enfance.

En réalité j'avais pris l'habitude d'aller me baigner au bord de la mer avec les amis d'enfance tandis que mes parents notamment ma mère n'était pas d'accord avec cette habitude parce qu'elle me disait chaque fois que : « - quand tu étais enfant, il s'en soit fallu le peu que l'eau t'emporte au bord du fleuve Milo lorsqu'on était parti saluer mes parents du village ». Malgré son opposition je partais me baigner discrètement sans qu'elle ne se rende compte, même si les autres membres de la famille s'en apercevaient, il n'y avait pas de problème parce qu'elle était à l'époque la seule personne qui avait le monopole de me corriger et dont j'avais peur.

Un soir après que ma grande sœur ait fini de me laver à la maison, j'ai hasardeusement pris initiative d'aller faire une promenade au bord de la mer. Arrivée sur les lieux j'ai trouvé que la marée pleine du soir venait de faire son entrée triomphale et époustouflante. Par chance aussi j'ai trouvé une pirogue avec les amis qui faisaient des petites promenades non lointaines sur la mer. Je me suis dit que je pouvais aussi monter dans cette pirogue faire comme les amis sans être mouillé. Une fois monté dedans ; à quelques centimètres du départ la pirogue se renversa. Je criai : « malheur à moi… malheur à moi ». On me fît monter après avoir bu beaucoup d'eau salée. Aussitôt la famille fut informée, deux jeunes hommes de la maison venaient me chercher à vive allure. Ils me disaient en cour de route qu'ils allaient dire à ma mère. Je leur demandai excuse en leur proposant ma ceinture, ma paire de chaussure et ma chemise. Ils rirent à gorge déployée. J'ai pris l'apparence d'un comédien à leurs yeux. Mais finalement, ils acceptèrent mes excuses à condition que je lavasse mes habits mouillés et sales. Cela m'était difficile à l'époque. C'était comme si on demandait à un lépreux de prendre une pièce de monnaie sur une table. Ce travail, la lessive ma nourrice ne me l'a pas apprise.

Après cette intervention drôle et rigolote de mon jeune frère, ils rirent à deux de moi d'une manière moquant. Je me disais en ce moment, si je venais avec la foi que j'avais avant la rencontre FOULMATE, personne n'allait me demander sur le cas de mon acariâtreté. Ils allaient tous voir sur mes yeux qu'il y a réellement un changement chez moi. Mais très malheureusement le diable m'arraché cruellement cette précieuse foi.

Le cas de FOULMATE, je pensais de temps en temps. Elle était certes la première jeune fille qui m'a montré une sorte de sentiment que je n'avais jamais connu auparavant. Malgré son mépris apparent pour les wahhabites, au fond d'elle, elle avait une conviction positive qui saluait la sagesse de cette pratique religieuse. Cette conviction apparaissait pendant ses moments de grande joie. Elle était son bon côté car chaque personne a un bon et mauvais côté. Le bon côté d'une personne est matérialisé par la sagesse et le mauvais par la turpitude et le blâmable. Ce mauvais côté est guidé certainement par le Satan l'ennemi déclaré de l'Homme. C'est ce Satan qui pousse des gens à faire des choses illicites et illégales. Sans doute, c'est ce diable qui poussait FOULMATE à me blâmer en blâmant cette pratique. Si le mauvais côté d'une personne domine son bon, elle devient en quelques sorte, une personne quasi-paranoïaque, pessimiste et d'une certaine façon quasi-satanique, le cas de FOULMATE n'était pas ainsi, en vérité elle était de nature sage. Elle a même apprécié un jour ma participation à une conférence religieuse. Son problème, elle avait un grand manque de compréhension, elle n'arrivait pas du tout à faire la différence entre un religieux pratiquant et un terroriste comme toute autre personne qui n'a pas une certaine faculté de discernement de la jurisprudence islamique. Pour maintenant aider ces personnes qui ne font pas de différence entre ces deux groupes de gens c'est-à-dire un musulman pratiquant et un terroriste, il faut que ces pratiquants religieux prennent l'initiative d'aller s'exprimer dans les medias afin de faire comprendre aux gens la manière dont en principe on doit pratiquer la religion.

Malgré ma séparation avec Mademoiselle ALLODI, je voyais d'après mes raisonnements que Mademoiselle ALLODI avait réellement peur pour moi, parce qu'elle n'avait pas une très bonne compréhension de cette pratique religieuse qui, elle confondait souvent au terrorisme. C'était le cas de plusieurs personnes qui me connaissaient à l'époque. Car ce nous, dans les pays où la religion musulmane a été importé, notamment dans les pays de l'Afrique subsaharien, on dissocie la religion musulmane de ses pratiques. On ne considère comme religion musulmane que les cinq piliers de l'islam. Après ces cinq piliers rien ! Cela est une très grande aberration à mon avis. Si je comprends bien dans la vie courante, on ne fait les piliers d'une maison que pour mettre la toiture ou une dalle dans la mesure où l'on veut faire une maison à étages afin que ces piliers pussent soutenir les dalles et la toiture. Et naturellement une maison qui a des piliers sans toiture est appelé maison inachevée. Voici ce que ressemble un peu la religion musulmane chez nous d'où l'étrangeté de ses pratiques autrement appelé la Souna du prophète Muhamed paix et salue.

J'avais brièvement expliqué à Mademoiselle ALLODI au paravent dans nos précédentes conversations et mettre une différence entre ces pratiques et le terrorisme islamiste communément connu sous le nom d'Aîkaida. Cette organisation terroriste est divisée en des petits groupes à travers le monde qui fonctionnent avec une très grande autonomie. Elle s'affirme en réalisant des attentats dans les pays hautement développés en tuant des milliers de centaines d'innocents. Cette organisation agit d'après ses membres au nom de la religion musulmane. Ont-ils raison ? Est-il vrai cet alibi ? En attendant ces terroristes sont en train de commettre un crime contre la religion musulmane et tout naturellement un crime contre l'humanité. Cette religion musulmane est présumée coupable, elle est accusée même si elle n'est pas réellement coupable. En attendant c'est au nom d'elle qu'ils revendiquent leurs attentats.

Mais cette différence Mademoiselle ALLODI ne la réalisait pas, même moi au départ il m'était difficile de faire une démarcation entre ces deux groupes de personnes. Pourtant la différence la plus palpable entre un pratiquant religieux et un terroriste est en réalité dans leurs manières d'agir. Un pratiquant n'utilise jamais une arme contre son prochain en lui ôtant la vie car il sait que la vie humaine est sacrée. L'arme du pratiquant c'est sa bouche. Il utilise sa bouche au nom de Dieu et son prophète pour convaincre son prochain afin qu'il adhère à la religion musulmane. D'une part il utilise la force de l'argument tandis que le terroriste utilise l'argument de la force. Si la diplomatie de l'ensemble des Etats du monde entier ne se lève pas pour combattre le terrorisme à travers la construction de grandes universités théologiques de par le monde et l'ouverture d'un dialogue franc avec ces organisations islamiques modérées afin que les futurs candidats au terrorisme soient sauvés, c'est le terrorisme qui anéantirait et rendrait les Etats vulnérables comme le nazisme à travers l'holocauste aurait fallu le faire pendant la deuxième guerre mondiale, car la troisième guerre mondiale qui s'annonce nucléaire serait plutôt confessionnelle.

Je voyais encore d'après ces mêmes raisonnements que Mademoiselle ALLODI avait de l'affection pour moi, sa déclaration ne venait pas au fond de lui. Elle était poussée par une crainte. Tout cela n'engageait que moi et pour moi cela ne voulait rien dire car pour le moment Mademoiselle ALLODI est couchée chez elle la conscience tranquille, déchargée complètement de mes fardeaux et problèmes quotidiens.

Les jours, les semaines et les mois s'écoulaient très rapidement à Conakry avec l'euphorie des vacances qui tendaient presque à sa fin. J'avais perdu la notion de week-end et jour ouvrable, tous les jours étaient samedi qui ne me disait absolument rien. C'était l'amusement total. L'argent, les jeux vidéo et de hasard, les filles surtout les jeunes filles étaient devenues ma passion. La solitude, les paroles de Aly le religieux… je ne me rappelais plus rien de cela. Je me disais que ça ira, c'est le moment qui joue sur moi. Malgré la grandeur de l'euphorie, les cinq prières je les effectuais quand même.

Un jour dans une salle de jeux vidéo où l'on a l'habitude de jouer à la PlayStation 2 en pariant, je rencontrai par hasard un jeune homme qui força l'amitié avec moi, son nom je me rappelle plus. Comme je m'exprimais en français et je gagnais souvent les paries, il s'intéressa beaucoup à moi, il payait souvent ma mise. Il m'obligea à lui montrer chez moi et de connaitre chez lui. Ce qui fut fait. Son père faisait la couture lui aussi, il pratiquait ce métier pendant les vacances, il était élève aussi comme moi. J'avais une classe d'avance sur lui. Il aimait les jeunes filles, ce que j'admirais chez lui. A deux jours seulement de notre connaissance, il me dit qu'il connaissait un des coins ici à Conakry où on peut bien s'amuser. Je lui demandai quels coins ?

- Des coins où l'on peut aller danser, consommé avec des très jolies filles de la ville. Répondit-il.
- C'est une bonne idée ! mais comment ça fonctionne dans ces coins et qu'est-ce qu'on allait faire prématurément dans un tel lieu ?
- Mais toi, tu es hors de la zone de couverture apparemment ! Tu me demandes comment ça fonctionne dans un grand hôtel équipé de restaurant et de dancing ?

- Il faut me donner des précisions car moi je ne suis pas partant si c'est pour aller boire de l'alcool car cela, Dieu l'a fermement interdit dans son saint coran et ça ne fait pas partir de mon éducation.
- Dis donc ce n'est pas ça ! Ce coin n'a presque rien à avoir avec l'alcool. C'est un coin très spécial, quand on part, il y a la place pour tout le monde et il y a aussi le V.I.P. … j'allais oublier le coin est truffé de filles mais de très jeunes filles qui prennent chacune une table dans le restaurant où elles ont d'ores et déjà leurs consommations qui garnissent les tables. Il n'est pas interdit de partager la table avec elle, à condition que tu assures et que tu assumes. Tu peux choisir une avec qui tu vas partager table et danser occasionnellement, voire même plus !
- Moi je n'ai pas d'argent, je n'ai absolument rien sur moi, même mon transport, d'ailleurs je ne suis pas partant ! si c'est pour aller danser et consommer là je suis partant.
- En tout cas moi je suis partant pour tout !

En réalité j'avais de l'argent mais je ne voulais pas gaspiller mon argent pour des choses illicites parce que je savais qu'un jour terrible Dieu allait me demander comment j'ai eu l'argent et comment je l'ai dépensé. J'avais cette certitude. Il me proposa de payer pour moi mon transport et ma consommation, j'ai accepté par curiosité. Il s'en est fallu de peu que je ne l'eusse pas accepté. Je me disais encore de la manière dont Dieu allait me demander sur la façon de dépenser mon argent est de la même manière que de l'accompagner dans l'accomplissement de ses turpitudes. Toujours dans ma réflexion, il me venait à l'idée que j'étais moins coupable de ses actes à lui, mais ma conscience me disait que j'étais peut-être aussi le vrai coupable car j'avais la possibilité de refuser son offre, de ne pas aller avec lui et même de l'empêcher d'aller. En tout cas moins coupable ou pas j'étais responsable de quelque chose de répréhensible. Pour conclure je me disais que le destin avait joué un rôle dans notre rencontre.

Les vacances étaient terminées, je devais maintenant rentrer à Kamsar pour la reprise des cours. Je venais d'avoir mon brevet. J'étais devenu un nouveau lycéen donc l'émotion était palpable pour ce petit changement d'une étape de la vie, à côté de cette émotion, la tristesse aussi se lisait sur mes yeux parce que mon arrivée à Conakry pour les vacances n'a pas été un succès sur le plan religieux. Malgré à KAMSAR j'ai perdu la plus grande partie de ma foi religieuse, force est de reconnaître que KAMSAR est la source où j'ai puisé le bon côté de mon hybridité c'est-à-dire ma foi. Je voulais très rapidement y retourner pour avoir d'avantage cette précieuse foi afin de maintenir ma vitalité et ma virilité religieuses en bon état. Je décidai alors d'aller dire au revoir à mes oncles, pères, tantes, mères, frères et sœurs. Afin de recueillir le maximum d'argent pour rentrer à KAMSAR les poches pleines ; pour que je débute le lycée avec une aisance considérable parmi mes camarades.

Après cette tournée familiale dans les différents quartiers de Conakry, je suis donc rentré à la maison pendant la nuit extrêmement fatigué. J'avais pris l'habitude de ne pas dormir la nuit qui précède le matin de mes voyages. Malgré la fatigue, ce voyage ne faisait pas exception à cette habitude parce qu'en réalité je ne voulais pas rater le bus de la Compagnie des Bauxite de Guinée (C.B.G.) qui devait m'envoyer sans rien payer à KAMSAR. J'allais sans doute passer une nuit blanche consacrée à des longues conversations avec maman sur le sujet de la femme que j'allais épouser, suivi aussi d'une longue méditation et des rêves les yeux ouverts.

- Mon fils et le cas de Nana ! Comment on va procéder ? Il faut que nous rassurions tante FAHTA sur le cas de Nana pour ne pas qu'un autre vient derrière nous l'épouser.

Nana, c'est la fille avec qui j'ai passé la majeure partie de mon enfance voire même la totalité et une infime partie de mon adolescence. A la maison, à l'école, partout j'étais avec elle. Seul le sommeil nous séparait. Tout le monde disait qu'elle était ma femme à l'époque. Elle m'aidait dans toutes les petites bagarres incessantes entre les camarades d'école. Elle s'est même blessée gravement à cause de moi dans l'une de ces traditionnelles bagarres de la sortie des classes les soirs. Elle était la nièce de tante FAHTA la femme de mon oncle

Lyaah Ednoc. On peut dire qu'elle est la fille adoptive de mon oncle Lyaah et l'enfant chérie de tante FAHTA parce qu'en réalité depuis qu'elle venait de marcher tante FAHTA lui a prise avec son père, le grand frère de tante FAHTA. Elle n'a pas connu l'affection et l'atmosphère maternelles. Elle considérait tante FAHTA comme son père et sa mère bien que ses deux parents vivent et en bonne santé. Cela se comprenait par le fait qu'elle a grandi avec elle, de ce fait c'est tante FAHTA qui décidait tout pour elle. Si tante FAHTA donnait Nana à un homme comme épouse, Dieu lui a donné ainsi que le Prophète. En bon Malinké « Allah bara di, Kéla bara di ». Voici pourquoi maman se focalisait sur tante FAHTA dans cette affaire.

- Maman depuis que je suis venu, je n'arrive pas à me comprendre avec Nana. Elle a complètement changé à mon égard.
- Oh fils ! c'est comme ça les filles se comportent, même si elles veulent ou aiment, elles font d'abord des périphrases féminines…
- Des périphrases…
- Ah oui j'appelle ça périphrase c'est-à-dire elles font semblant de ne pas aimer. Ça c'est une politique fréquente chez les filles.
- Maman moi j'ai une autre.
- Une autre ! je suis étonnée, toi qui ne t'approches même pas des filles, toi qui balbuties les paroles par peur en face d'une fille. Moi quand même si ce n'est pas elle, je ne suis pas dedans.

Ecrit par Lamine Condé Adresse mail : l.conde@mundiapolis.ma, laminecondel3@gmail.com

- Oh mère ! ce n'est pas une mère qui choisit la femme de son fils. Cela n'est pas écrit en matière de religion, même en matière de de civilisation, de culture et coutume africaine elle est en voie d'abolition.

C'est sur cette discussion que maman pris congé de moi en me demandant sur un ton impératif de lui laisser dormir. J'étais à présent plongé dans une réflexion sur le sujet de cette « autre » que je venais d'évoquer avec maman. Je me posais la question : est-ce que cette autre peut être Mademoiselle ALLODI dont je n'ai aucune nouvelle ? Est-ce une fille que je rencontrai au lycée ou à l'université ? Je n'ai aucune idée de ça. Mais je m'attendais tout de même à la rencontre d'une Névéroré parce qu'en réalité moi je m'attends à tout. La Névéroré, c'est la femme d'un pharaon dans un soap opéra de dessin animé, naturellement une reine. Une reine d'une clarté épatante et d'une beauté tarabiscotée. C'est sur ces mots et l'incertitude de cette grande inconnue que je fermai les yeux sans dormir. Je me disais que j'allais dormir dans le bus pour combler mon sommeil de la nuit.

A l'aube maman qui était très inquiète pour moi avait envisagée de mettre son téléphone sur réveil. Lorsque ce dernier sonna à cinq heures, je me disais qu'il me restait une heure pour quitter Conakry et son obscurité. A mon réveil du lit l'enthousiasme et l'émotion se lisaient sur mes yeux qu'on ne voyait presque pas par la lassitude de mes paupières. Maman qui n'avait pas oubliée le débat de la nuit me disait à ma montée dans le bus « les vacances prochaines, on parlera de cette autre s'il plait à Dieu ».

Quand le bus bougea, j'ai vu maman me faire un petit tic d'au revoir, j'ai répondu son tic les larmes aux yeux. C'était le comble de l'émotion. Une matérialisation de l'affection qui se trouve entre la mère et son enfant. Tout naturellement elle aussi était presqu'en larmes. C'est sur cette émotion que le bus prit de l'allure, en se dirigeant vraisemblablement vers la nationale du kilomètre trente-six, la limite de la ville de Conakry.

La route de Boffa, qui, au paravent était jalonnée par le bac sur le fleuve FATALA, posait deux grandes difficultés aux voyageurs ; d'une part le mauvais état de la route et d'autre part la peine et l'incertitude du transport des personnes et des biens par le bac qui tombait chaque fois en panne dont le dépannage pouvait prendre des heures, voire même des jours. Cela rendait inexorablement le voyage difficile pour les humbles et pauvres voyageurs.

De nos jours avec la politique de reconquête, de construction des infrastructures de bases et des ouvrages de franchissement dans la région de Boffa, cette route de Boffa a reçu une grande couche de bitume et le pont sur la FATALA est devenu un acquis en matière d'ouvrage de franchissement. Le bac et ses problèmes sont devenus à leur tour un mauvais et terrible souvenir pour les voyageurs (usagers).

Je n'avais pas le souci pendant ce voyage d'être dérangé de mon sommeil comme d'habitude dans mes précédents voyages, mais j'étais plutôt enthousiasmé de contempler ce merveilleux pont et les différentes réalisations faites sur la route de Boffa. Arrivé dans la ville de Boffa, je me suis rendu compte que l'ancienne route nationale était devenue une route secondaire et une nouvelle route nationale plus vaste que l'ancienne avait vu le jour. Cette remarque était complètement anodine. La réalité était que les habitants de Boffa se plaignaient du fait que la nouvelle route nationale ait contournée le centre-ville de Boffa. Cet état de fait mettait mal au point leurs activités commerciales et économiques quotidiennes car jadis le commerce florissait à merveille sur le quai du bac où tout se vendait avec beaucoup plus de facilité. Mais tout cela était des propos verbaux puisque sur le papier, il n'y a pas de photos car aucune requête ni déféré préfectoral avec sursis à exécution n'a saisi le juge administratif pour l'annulation de cet acte administratif du projet dorénavant réalisé, les habitants de cette localité n'avaient que leurs yeux pour pleurer.

DEUXIEME PARTIE

Le Toast

DEUXIEME PARTIE

Chapitre

I

Arrivée à KAMSAR je me suis rendu compte que beaucoup de nos amis avaient échoués aux Brevet car cette année, les choses ont été serrées, il y avait du changement dans l'air. Quelques mois auparavant le guinéen tout simplement était descendu dans les rues pour réclamer le changement, il n'a pas tardé à se ressentir.

Naturellement, comme les élèves étaient les premiers et les plus nombreux à descendre dans les rues, l'Etat leur a bien entendu, la preuve les résultats du brevet de cette année étaient de dix-huit pour cent d'admis. Catastrophe ou changement ? Les deux à la fois car c'est vrai qu'ils sont catastrophiques les résultats des différents examens nationaux de cette année, mais il y a bien une bonne dose de changement puisque même pendant le déroulé des épreuves, certaines pratiques non conventionnelles avaient disparu pour laisser place aux principes beaucoup plus conventionnels. Cela n'était pas surprenant puisque c'est ça que nous avons réclamés il y a quelques mois.

Mademoiselle Allodi, qui était aussi admise au brevet avait laissé une lettre à la maison pendant que j'étais à Conakry pour les vacances. Sans lire la lettre, je me suis dit coup de théâtre, peut-être qu'elle a fait la fameuse déclaration d'amour dedans. Au contraire elle a camouflé dans cette lettre sa volonté délibéré de rompre avec moi à mon entendement. Elle parla d'abord sur un ton réconfortant en me félicitant pour mon succès au brevet, en suite elle a parlé des moments passés ensemble qui lui a beaucoup marqué, elle ne les regrettait pas. Puis soudain elle prit un ton étrange en disant que tout cela appartenait au passé et le temps est venu de tourner le visage vers l'avenir. Je ne comprenais pas sa démarche dans cette lettre, tout naturellement j'ai cherché à rentrer en contact avec elle en aménageant un rendez-vous dans un bistro. Ce qu'elle a accepté sans grande difficulté.

Le jour du rendez-vous arriva, c'était un week-end, samedi, il y avait du monde dans les rues de KAMSAR illuminées par des lampadaires de couleurs différentes qui faisait des jeux de lumières. Il faisait beau. C'était à l'approche des fêtes de fin d'années civiles, vers les mois de novembre et décembre. Ce n'était pas le moment idéal de perdre sa petite amie, bien-sûr si on en avait. Je suis venu le premier, j'ai pris place à l'antipode de la rentrée, histoire de ne pas lui fatiguer à me chercher puisqu'elle avait la myopie, naturellement elle ne voyait pas bien surtout qu'il faisait nuit malgré sa paire de lunette toujours aux yeux. En plus je voulais voir sa démarche, histoire de lire quelque chose dans cette démarche. Voici deux bonnes raisons de prendre place à l'antipode malgré la seconde était prédatrice mais la première était humaniste, c'était d'ores déjà suffisant comme raison de m'asseoir à cette place.

Elle est venue ce jour-là en robe, je me rappelle plus de la couleur mais comme on aime dire dans le jargon traditionnel « prêt du corps », c'était vraiment prêt du corps et à moitié transparente, à ce moment précis, j'ai compris mademoiselle Allodi quand elle me disait dans l'une de nos conversations : « à quoi ça sert d'avoir un jeune comme petit ami avec des barbes comme un vieux, à quoi ça sert d'avoir un soit disant petit-ami dont les pantalons n'arrivaient pas à ses chevilles. Tout cela même pouvait être acceptable si ça se limitait à ça seulement. Mais c'est inconcevable d'avoir un soi-disant petit-ami avec qui, je ne peux même pas me mouvoir dans mon habillement ». Elle se mouvait vraiment dans son habillement ce jour-là car sa robe arrivait à peine à ses genoux et je déterminais au niveau de sa poitrine le poids léger de ses seins et la forme de son soutien-gorge. Cela m'a beaucoup attiré puisqu'elle n'en mettait pas avant, là, j'ai compris aussi qu'elle était devenue une grande fille car les courbes et les collines de son corps avaient atteint la normale. Elle ne manquait pas de culot. Je me suis dit à ce moment précis que j'ai perdu la main. D'ailleurs est-ce que j'avais déjà eu la main à un moment donné sur elle ? C'est à ce moment que j'allumai une cigarette. Je n'étais pas un habitué fumeur mais je fumais à des occasions pareilles, malgré après le rhume et des toux sévères qui me guettaient. Je me disais que ça valait le coup, oui tout à fait ça vaut le coup.

Elle est venue prendre place juste en face de moi tout en me donnant un petit bisou avant de s'asseoir qui m'a beaucoup fait plaisir. Elle me dit à l'entame qu'elle était surprise de me voir fumer, je l'ai répondu que j'étais pourtant un habitué et entre temps j'ai toussé. Elle répliqua que ça se voyait, j'ai rétorqué en lui disant que ça se lisait. Elle a souri, j'ai réalisé que depuis son arrivée elle souriait. Tout naturellement je lui retournais le sourire avec beaucoup plus de plaisir. Elle m'a aussi dit que j'étais malicieux, j'ai compris cela sous l'angle des compliments déguisés et je l'ai remercié pour cela afin de lui mettre en confiance pour qu'elle réalise qu'il y a vraiment du changement en moi.

En suite j'ai parlé de ses seins malgré à mon avis cela paraissait un tout petit peu déplacé, je lui ai dit qu'ils avaient atteint la normale et qu'elle était devenue une grande fille. C'était maintenant des rires qui remplacèrent les sourires, elle m'a aussi remercié pour cela. Après elle me murmura que j'ai pris du poids, je lui chuchotai que je savais et que c'est à cause de ça que maman n'osait plus me regarder, elle me disait « quand tu grossis, tu ressembles tellement à ton papa ».

Nous nous tûmes un moment et j'ai encore tiré sur la cigarette, elle a pris un café au lait sans pain. Et après je lui ai dit que ce n'était pas ma faute, en tout cas je ne suis pas gourmand et je fais un régime alimentaire en ne mangeant une seule fois dans la journée. Elle m'insinua que je n'avais pas à m'excuser surtout pas auprès d'elle, et si je ressemblais à papa ça aussi c'était une bonne chose. J'ai compris en ce moment qu'elle ne comprenait pas maman, elle ne comprenait pas la peine que maman ressentait en me regardant dans les yeux. Je n'ai pas voulu la lui dire puisque je savais que mademoiselle ALLODI a beaucoup de larmes en réserve. Elle pouvait pleurer pour des choses banales, même si je lui disais que mon arrière-grand-père qui était l'un des chevaliers bouclier de Samory Touré est décédé il y a cent cinquante ans, elle allait pleurer. Pour ne pas que cette rencontre qu'on vient de bien entamer et qui est en train de tenir à ses promesses, prend une toute autre allure de compassion et de consternation, j'ai préféré passer sous silence sur ces petits détails.

J'ai évoqué sa lettre en lui disant que je l'ai vu sur la télé à la maison, elle était ouverte et je l'ai sans doute lu sans comprendre le vrai sens de son contenu. Elle me dit qu'elle ne se rappelait plus de cette lettre et me demanda que si je l'ai amené avec moi. Je lui ai répondu que non, bien entendu il était hors de question que je lui rappelle des détails de cette lettre, néanmoins je rappelai qu'elle était datée du 13 septembre. Elle a encore pris du café, elle me demanda si j'en voulais. Je lui ai fait savoir qu'on m'a interdit de prendre du sucre surtout pendant la nuit. Elle m'interpela alors en me disant que si je réalisais que c'est la première fois qu'on ait engagé une si longue conversation sans polémique. Je l'expliquai que c'est parce que cette conversation était beaucoup plus sentimentale.

Dans cette ambiance chaleureuse et conviviale, chacun de nous jouait la méfiance car on s'est séparé il y a quelques mois sur des mots durs. Je m'attendais qu'elle s'excuse, même si elle ne s'excusait pas, moi je l'ai déjà pardonné. Pour des questions de commodité et d'orgueil, elle n'avait pas l'air de s'excuser.

Entre temps j'ai regardé autour de moi, je remarquai que le monsieur d'en face qui avait bizarrement regardé mademoiselle ALLODI à sa rentrée dans le bistro n'était plus concentré sur nous, il avait reçu la visite d'une petite dame aux allures prêtées qui lui faisait marrer. Mademoiselle ALLODI même disait à propos du monsieur qu'elle le connaissait. Elle disait : « c'est un grand coureur, c'est le moins qu'on puisse dire ». Je hochai la tête sans rien dire. Je n'avais pas compris. Et ensuite elle ajouta : « il court derrière des petites filles c'est un pédophile » je n'ai encore rien dit. Je regardai à ma droite, un autre monsieur qui a un peu un accent étrange, on dirait un accent sénégalais et son voisin de table qui semble avoir un accent arabe, étaient toujours en train de parler au téléphone dans ce tintamarre de musique à volume bas mélangé avec les bruits de moteurs sur la route qui est à quelques centimètres du restaurant café. A gauche un couple expatrié buvait tranquillement du vin avec une très grande assiduité puisqu'on les entendait à peine. J'ai remarqué tout cela en un clin d'œil.

Mademoiselle ALLODI qui s'était levée pour aller payer au comptoir les quelques verres de café qu'elle avait pris, était revenue avec une bouteille d'eau que je l'avais demandé de m'apporter. En plus de la bouteille d'eau, elle est venue avec deux verres vides pourtant moi je n'avais pas besoin de verre pour prendre ma bouteille d'eau, de surcroit deux ! Alors je l'ai demandé pourquoi elle a apporté ces verres. Elle répondit que c'est pour faire un toast. J'ajoutai rapidement « à la santé », elle précisa « à la grande l'amitié ». Je lui suggérai à voix basse sous forme d'insinuation que je préférai un toast à la petite amitié. Elle a encore souri, j'ai compris qu'elle était d'avis, je l'ai fait part de ma joie du fait qu'elle soit plus qu'une amie pour moi. Elle me dit alors qu'elle s'attendait que je le disse et que c'était le bon moment de le dire. J'ai eu envie d'elle mais je me disais que c'était trop tôt de lui dire une telle chose.

Le couple expatrié qui avait vu notre geste de toast avec les verres remplis d'eau, nous proposa du vin qui garnissait leur table, en indiquant qu'en général qu'il était beaucoup plus commode et traditionnel de faire un toast avec du vin. Je leur expliquai de manière très sobre que nous étions d'abord des musulmans et qu'ensuite cela ne faisait pas partir de notre éducation. Enfin pour terminer, j'ajoutai tout en leur remerciant que c'était vraiment gentil de leur part. Je ne leur ai plus prêté attention, je me suis dit que dans tous les cas il n'était pas aussi mauvais de le faire avec de l'eau. L'essentiel était qu'on le fasse avec conviction et sincérité, et mademoiselle était d'avis avec moi.

Puis on a entendu un grand bruit de moteur, j'ai réalisé que c'était le bus qui passait tous les jours à vingt-trois heures pour prendre les travailleurs de la compagnie qui devaient travaillés la nuit. Cela prouvait que l'usine fonctionnait à plein poumons. A ce même moment on entendait de loin les alertes d'avertissement du train qui sonnait comme la grande sirène de couleur rouge et blanche qui a à peu près la même hauteur que la tour d'Effel. Ce gigantesque appareil sonore sonne chaque jour à huit heures et à dix-huit heures. Il est visible à tous les endroits de la cité industrielle de KAMSAR.

Après ce toast, mademoiselle m'interrogea sur mes projets d'avenir. J'étais surpris par cette interrogation. J'ai pensé qu'il n'était pas opportun et utile de lui parler de mes projets professionnels puisque mademoiselle est très attachée aux études, réussir un parcours scolaire est son ambition. Alors pour lui faire plaisir je l'ai tout simplement dit que mon tout premier projet était d'abord de décrocher mon baccalauréat et ensuite de rentrer à l'université pour avoir une licence en droit. Elle était toute joyeuse de mes projets puisqu'elle avait quasiment les mêmes.

J'ai regardé sur la montre il était déjà zéro heure, je l'ai dit que le temps filait. Elle a voulu tout de suite prendre congé de moi. Je lui ai demandé de rester un peu. Elle m'expliqua que pendant les week-ends c'est elle qui fait la cuisine à la maison parce que c'était les jours de repos de la cuisinière. Je lui suppliai de rester juste le temps de danser un morceau. Elle accepta sans grande difficulté. J'ai demandé à la régie le morceau « I will survive » d'Emilie

Dequenne. Lorsque ce morceau retentissait dans les haut-parleurs du bistro, nous nous sommes levés pour nous diriger vers l'esplanade. Au début de la musique, je dansais nonchalamment, puis elle me demanda de m'éclater. C'est en ce que je l'ai fait rouler sur les pointes de ses pieds tout en lui tirant vers moi. Elle est venue se coller en moi comme les deux points d'attraction d'un aimant. Dans cette action j'ai légèrement effleuré ses seins, elle était contente, ensuite nous avons crié « lala…lala-la » pour suivre le rythme et la cadence musicale. Après ce morceau, je me portai volontiers de l'accompagner. Elle m'a fait savoir que sa copine en même temps sa voisine avec qui elle est venue était dans les parages et qu'elles devaient rentrer ensemble et qu'une fois rentrée à la maison, elle allait m'appelé au téléphone.

J'ai retardé un peu dans le bistro après le départ de mademoiselle, afin de recevoir son appel de confirmation pour que je puisse rentrer à la maison la conscience tranquille. En principe elle est toujours sous ma responsabilité jusqu'à ce qu'elle m'appelle qu'elle est bel et bien rentrée à la maison. Après une heure d'attente, elle n'avait toujours pas appelé, je me suis dit qu'elle est peut-être fatiguée, elle a dû rentrer se coucher et que le matin à la première heure ça sera son premier travail. Manifestement je réalisai que le bistro était maintenant désert puisque le monsieur à l'accent sénégalais, celui d'en face et d'autres groupes de gens étaient déjà rentrés. Seulement le couple expatrié était encore présent et on entendait plus de musique. L'écran qui se trouvait dans une partie spacieuse du bistro était maintenant éteint.

C'est dans cette atmosphère d'incertitude que j'ai décidé de rentrer à la maison puisqu'il faisait tard. On entendait plus de bruit de moteur dans les rues et les piétons se faisaient rares. J'entendais seulement l'aboiement des chiens dans les différentes cours alignées et entourées de feuillages touffus des différentes gammes de fleurs qui servent de clôture et d'embellissement de la devanture. A mon âge-là, je n'avais pas peur de marcher seul cette nuit-là. Malgré que je susse pertinemment que c'était risqué. Je me disais que je connaissais cette cité comme le fond de ma poche et que cela suffisait palpablement de me mettre à l'abri dans un endroit en cas d'événement inattendu. En plus il n'y avait pas assez de banditisme à l'époque puisque toutes les rues étaient éclairées par des lampadaires et truffées des agents de services de gardiennage et de sécurité, même celles non goudronnées.

J'ai alors décidé d'aller m'embarqué dans le taxi pour rentrer à la maison. C'est ainsi que j'ai rencontré deux couples qui étaient dans un état assez spécial dans un petit chemin de terre qui sert de raccourci, à quelques centimètres de la porte arrière du bistro dont je viens de quitter et à près de cinquante mètres d'une autre route secondaire qui mène à la fois vers le nouveau et ancien port. Le premier était dans une position où le col de la chemise de l'amant étaient saisies par sa compagne à tel point que le monsieur avait du mal à respirer. Il était à moitié asphyxié par strangulation. J'étais obligé d'intervenir afin d'éviter une dégénération de la situation mais aussi d'éviter d'être poursuivi moralement et aussi juridiquement par le ministère public pour cause de non-assistance à personne en danger. Je me constituai alors en fonctionnaire de fait en me présentant comme agent de sécurité puisque je portais un Timberland et un habit genre militaire. J'ai ainsi demandé à la fille de laisser le col de la chemise du monsieur avant toute autre explication. Sans plus tarder la demoiselle laissa le col et le monsieur soupira et se mit à m'expliquer : « c'est ma copine !!! Je l'ai retiré son téléphone que je lui ai acheté parce que je soupçonne qu'elle ne soit avec un autre ?! Car elle ne décroche plus mes appels… ». Je l'ai interrompu en lui coupant la parole, sans lui donner le temps de terminer ses explications, je demandai à la dame qu'est-ce qu'il n'allait pas ? Elle me répond tout simplement en me disant : « c'est le papa de ma fille de vingt mois ». Puis elle s'est tue ! J'ai compris qu'ils me cachent tous les deux quelque chose puisqu'à mon avis une femme ne peut pas saisir le papa de sa fille sur la route à cette heure de la nuit jusqu'au point de lui rendre la respiration difficile pour un simple problème de téléphone.

Quelques minutes de silence se sont passées puis on a entendu des coups de poing violents au niveau du deuxième couple qui était à quelques centimètres. J'ai compris que la situation était beaucoup plus grave de l'autre côté. C'est en ce moment que le monsieur dont je viens de délivrer de l'emprise de sa compagne, m'interpela sous un ton ironique en balbutiant qu'il était plus judicieux d'aller intervenir de l'autre côté car ça risque de mal tourner. Vu que les coups étaient violents, j'avais peur d'en prendre un. J'ai donc couru vers la boite de nuit « bal poussière » qui est à diamètre entre le bistro et la route secondaire sur le petit chemin de terre pour aller chercher du renfort. Je suis allé trouver des jeunes gens qui trainaient à la rentrée de la boite de nuit et je leur ai dit de venir m'aider tout en ajoutant qu'il y a un jeune homme qui est entrain de battre une jeune fille. Après avoir fini de les séparer, j'ai entendu dans les pleurnichements de la fille qu'elle est battue pour un problème de téléphone. Selon les explications de la fille battue, son petit ami aurait retrouvé le numéro d'un homme dans son téléphone dont il soupçonnait qu'il soit le deuxième petit ami de la fille. Décidément le téléphone crée beaucoup plus de problème qu'il n'en ressoude.

Arrivé sur la route, j'ai trouvé un groupe de gens arrêté qui attendait un taxi pour s'embarquer. Parmi ce groupe de gens, un vieux a beaucoup attiré mon attention. Je trouvai assez bizarre en le voyant mobile sur la route à cette heure tardive de la nuit. Il me parut dans un premier temps pour une personne très éméchée, mais lorsqu'il s'approcha de moi j'ai compris qu'il ne l'était pas mais il était plutôt inquiet et j'ai remarqué qu'il boitait légèrement sur le pied droit. Un premier taxi arriva, tout le monde se précipita sur le véhicule, malheureusement pour le vieux, ce taxi partait vers le vieux port alors que le vieux partait vers le nouveau. C'est en ce moment qu'il m'adressa la parole en me disant que c'était malheureux pour lui d'être dans les rues à ces heures tardives de la nuit. J'ai réalisé qu'il avait un accent français, c'était un Camara. Je trouvais son accent et son nom assez paradoxal, pour m'expliquer cette contradiction, il me dit qu'il a passé la quasi-totalité de sa vie en France et qu'il était venu couvrir un événement politique puisqu'il est journaliste. Apparemment il était étranger dans son propre pays. Comme je n'aimais pas la politique et le journalisme, je ne lui ai plus posé de question. Puis un second taxi est venu, ce taxi partait à mi-chemin du nouveau port, il se limitait à la hauteur de l'église qui est à la limite entre le quartier C.B.G. et Plateau. Comme moi aussi je partais vers le nouveau port, je proposai au vieux de monter une fois arrivé au terminus du taxi, je vais lui chercher un autre taxi qui va l'amener jusqu'à destination.

Une fois à bord du taxi, le vieux a beaucoup bavardé. Il m'a d'abord parlé de la situation politique du pays en se focalisant sur les événements de janvier et février passés qui ont poussé le président a nommé un nouveau premier ministre, et ensuite du problème d'emplois des jeunes. Il me demanda de ce que je pensais de ces deux situations et événements majeurs. Pour éviter de rentrer dans les détails, je l'ai fait savoir que c'était un cas général et que ces genres de problème existaient dans tous les pays du monde, même en France le taux de chômages est toujours d'actualité. Pour lui parler des événements politiques survenus, toujours dans la logique de ne pas rentrer dans le détail des faits, je l'ai expliqué que, lorsqu'un président est affaibli par une élection qu'il n'a peut-être pas gagné ou qu'il n'a pas eu la majorité absolue et accompagné par d'autres événements à connotation politique. Cela ouvre la voie à ce qu'on appelle dans le vieux jargon de la démocratie la « cohabitation » avec l'opposition. C'est ce qui s'est quasiment passé après les événements de janvier et février dernier. Cela est aussi arrivé en France lorsque la gauche était au pouvoir dans les années quatre-vingt, le président Mitterrand qui avait perdu les élections législatives, était obligé de cohabiter avec la droite par la nomination d'un premier ministre issu de la droite.

J'étais pressé de descendre du taxi, de peur de ne pas apparaître dans les prochains jours sur les pages d'un journal français. Quand le taxi arriva à son terminus, nous sommes tous descendus, moi, le vieux et les autres passagers qui étaient aussi lassés par les différents propos tenus par le vieux et peut être moi aussi, puisqu'à l'époque parler de la politique était un tabou, malgré qu'officiellement la Guinée est un Etat démocratique, un Etat de droit de par sa constitution. A côté de ces mots « Etat de droit » qu'on ne comprend peut-être pas le sens, le régime militaire faisant régner l'omerta sur les événements de janvier et février dernier. Aussitôt un taxi gara, j'embarquai rapidement le vieux dans ce taxi qui partait jusqu'au nouveau port. J'ai tranquillement parcouru le reste du petit chemin de terre à pied jusqu'à la maison qui était à quelques centimètre du carrefour.

DEUXIEME PARTIE

Chapitre

II

Ecrit par Lamine Condé Adresse mail : l.conde@mundiapolis.ma, laminecondel3@gmail.com

Aujourd'hui c'est dimanche, je me suis réveillé un peu plus tard, sur l'horloge il est midi moins le quart et sur l'écran du téléphone aucun message, ni appel en absence de la part de mademoiselle Allodi. Cela m'inquiète et me préoccupe sérieusement. Je n'ai pas voulu prendre le petit déjeuner, j'ai préféré attendre le repas de midi qui doit être prêt dans quelques minutes. Mademoiselle Allodi est un enfant de cœur et de parole, si elle ne m'a pas appelé c'est qu'elle en a été empêchée cela est clair dans ma tête. L'incertitude est que par quoi elle en a été empêchée, mais tout cela reste un simple avis et une simple hypothèse, la réalité peut être toute autre chose. Dans ces genres de situations, j'avais l'habitude d'être optimiste, mais dans ce cas précis mon optimisme s'amenuisait d'heure en heure.

Après le repas de midi, je suis parti rendre visite à monsieur cordonnier, le voisin d'en face, le concierge du centre de formation et de promotion féminine, abandonné par son personnel pour faute de subvention. Monsieur cordonnier est l'homme le plus informé du quartier, il a des informations pour tous les sujets, toutes les tendances et tous les domaines. Il connait tout ce qui se passe aux Etats-Unis, en France, à Kuala Lumpur, à Casablanca… Malgré le fait qu'il ne soit jamais allé dans ces pays. Je me posais la question souvent pourquoi lui qui est tant informé, tant renseigné et qui prétend être très instruit se retrouve comme un simple gardien d'un centre formation abandonné ?! Franchement je me demandais s'il n'était pas instruit qu'est-ce qu'il deviendrait ?! Mais malgré ces multiples interrogations à son sujet, j'aimais quand même lui rendre visite, histoire d'oublier le stress des études et l'euphorie des weekends puisque malgré ses dérives prétentieuses, c'était un homme de bien qui donnait souvent de très bons conseils aux jeunes, surtout aux jeunes qui ont le souci de réussir. Je prenais tous ces conseils avec beaucoup de réserve puisque je sais bien que c'est un homme qui aime s'amuser avec sa langue.

Je partais le voir cet après-midi pour papoter avec lui au sujet des femmes, il est un grand amateur des histoires l'amour. Il rêve d'épouser comme deuxième femme la fille ainée du sous-préfet de Kamsar qui a été élue miss « big maman Guinè-Fangni » de cette année. Miss big maman Guinè-Fangni est une élection miss organisée et sponsorisée par un journal d'annonce légale appelé « Guinée Nouvelle » qui sélectionne les plus grosses filles de la République pour choisir la plus belle.

Arrivé chez lui, il fit sorti des chaises et nous nous installâmes sur la véranda du centre. D'emblée je lui posai la question au sujet de son projet matrimonial en lui demandant où on en était avec la miss de l'année. Sans ambages, il m'expliqua qu'il vient à peine de raccrocher le sous-préfet et que ce dernier lui a donné tous les gages concernant sa fille et qu'il ne reste que des petits détails de commodité sur les modalités de mariage. J'ai eu l'impression ridicule de le croire sur parole, et pour lui confirmer cette impression, je lui ai fait part de ma satisfaction sur le bon déroulement de son projet matrimonial. Tout en me remerciant pour mon attention à son égard, il ajouta que j'étais un jeune qu'il apprécie beaucoup dans le quartier par rapport aux autres jeunes. Il continua ses propos en disant que « c'est vrai qu'on ne peut pas plaire à tout le monde » mais que cela n'avait pas grande importance. Je me suis posez la question si c'est des compliments qu'il est en train de me faire ou s'il est en train de me juger. Nous sommes restés silencieux un petit moment, puis spontanément comme s'il lisait l'interrogation dans mes yeux, il ajouta très rapidement que j'étais quelqu'un de bien, en plus de cela « tu connais bien la vie » et que la preuve de tout cela est que j'étais l'un des rares jeunes qui ont été admis au brevet (BEPC) de cette année. Il me félicita aussi pour ça. Moi j'étais fatigué maintenant de l'écouter, j'allais juste prendre congé de lui, c'est en ce moment où il demanda si mademoiselle ALLODI allait bien et que ça faisait longtemps qu'il ne la voyait pas. Comme je ne savais pas depuis hier nuit comment elle allait, je l'ai juste dit qu'on était ensemble pendant toute la soirée d'hier. Il a voulu ensuite savoir où j'étais avec les parents de mademoiselle ALLODI, je l'ai répondu que mademoiselle est ma meilleure amie et qu'on n'avait rien envisagé pour le moment. Je l'ai en plus insinué que nous étions encore des élèves même pas des étudiants. C'est sur ces mots que je pris congé de lui.

Une fois à la maison, je me suis senti assez fatigué le temps m'a paru un peu lent puisqu'il n'était pas encore seize heures et le soleil était plein dans le ciel.

Généralement à ce moment de la journée, je m'ennuie beaucoup et cette journée aussi ne faisait pas l'exception. Je trouve ce moment très incommode puisque c'est souvent ce moment que je quittais l'école après la monotonie des cours. Et à ce moment précis, j'ai pensé à mademoiselle pas parce qu'elle ne m'a pas appelé depuis hier nuit, mais si je pus dire, généralement, je pense souvent à elle quand je m'ennuie. Le fait seulement de penser à elle me console car elle est pour moi comme une console pour l'enfant. D'ailleurs après réflexion, j'ai trouvé cette comparaison injuste, puisque la console pour l'enfant dans un sens général, est un jouet qui sert à tuer le temps. Alors que mademoiselle n'est pas du tout un jouet qui tue le temps pour moi, c'est qu'elle me console mais elle est plus une console. Elle est l'incarnation de mon complément. C'est comme si je n'étais pas complet dans mon être, et elle, était là pour remplir ma coupe qui n'est pas vide mais qui n'est pas encore pleine. Toujours dans ma réflexion je me demandais quand ma coupe sera pleine d'elle-même, naturellement, est-ce qu'il sera encore nécessaire de penser à mademoiselle ?! En tout cas il est bien difficile de remplir une coupe qui est d'ores et déjà pleine. En attendant la mienne est à moitié vide et il est toujours nécessaire de la remplir.

Rien que de penser à ces détails, j'avais tué une heure de temps et j'avais déjà oublié la lenteur du temps. Il était à peine seize heures, dans un sens, je n'avais pas tort dans ma comparaison puisque dans tous les cas le temps était tué.

Par faute de réflexion, pendant tout ce temps, depuis des années, il ne m'est jamais venu à l'idée, je ne me suis jamais posé la question de savoir pourquoi j'aime mademoiselle. Pourtant il est bien important de savoir ou de comprendre pourquoi on aime une personne. Je ne comprenais pas pourquoi je me posais cette question maintenant. Si je ne comprends pas pourquoi je me la pose, je dois tout de même trouver une réponse à cette étrange interrogation. Et pour y parvenir, je me suis dit dans un premier temps que c'est parce qu'elle était belle et bandante. J'ai tout de suite trouvé cette réponse spontanée, puisque je me suis dit qu'elle n'était pas la seule fille ou demoiselle belle et bandante à KAMSAR. Je me suis dit dans un second moment que c'est à cause de l'habitude, j'ai d'abord trouvé cette réponse un peu raisonnable puisqu'on dit souvent « la distance tue l'amour et l'habitude le cultive et le fortifie ». Ensuite j'ai trouvé cette question absurde puisque j'ai réalisé que rares sont les gens qui se posent une telle quelle question.

Ecrit par Lamine Condé Adresse mail : l.conde@mundiapolis.ma, laminecondel3@gmail.com

Sommaire

Printed by Books on Demand GmbH, Norderstedt / Germany